1. Lesestufe

Heinz Janisch

Rittergeschichten

Mit Bildern von Birgit Antoni

Ravensburger Buchverlag

Bibliografische Information Der Deutschen Bibliothek:

Die Deutsche Bibliothek verzeichnet diese Publikation
in der Deutschen Nationalbibliografie.
Detaillierte bibliografische Daten sind im Internet
über **http://dnb.ddb.de** abrufbar.

1 2 3   09 08 07

Ravensburger Leserabe
© 2007 Ravensburger Buchverlag Otto Maier GmbH
Umschlagbild: Birgit Antoni
Umschlagkonzeption: Sabine Reddig
Redaktion: Marion Diwyak
Printed in Germany
ISBN 978-3-473-36217-2

www.ravensburger.de
www.leserabe.de

Inhalt

Das erste Rätsel 4

Das zweite Rätsel 16

Das dritte Rätsel 28

Leserätsel 41

Das erste Rätsel

„Ich habe
einen Schatz versteckt",
sagte Fürst Bertram.

„Er liegt nicht unten auf dem Feld
und nicht oben auf dem Felsen.
Ihr findet ihn auf dem Weg
zur Roten Burg."

Die sieben Ritter im Saal nickten.
Fürst Bertram war bekannt
für seine Rätsel.
Deshalb wurde seine Burg
auch die Rätselburg genannt.

„Wer den Schatz findet,
darf ihn behalten",
sagte Fürst Bertram.

Kurz darauf saßen sechs Ritter
in glänzenden Rüstungen
auf ihren Pferden.
„Möge der Beste gewinnen!",
rief einer der Ritter,
dann galoppierten sie davon.

Fürst Bertram
stand auf der Burgmauer
und sah ihnen nach.
„Wo ist der siebte Ritter?",
fragte er.

„Er schnürt noch seine Stiefel,
denn er will zu Fuß gehen",
antwortete ein Diener.

„Ein Ritter, der nicht reitet?",
fragte der Fürst erstaunt.
„Was soll das für ein Ritter sein?"

„Gestatten, Alfred von Rabenstein!"
Der siebte Ritter war soeben
vor dem Burgtor erschienen
und machte eine Verbeugung.

Er war groß und dünn.
In der einen Hand hielt er eine Lanze,
und in der anderen Hand einen Schild,
auf dem ein weißer Rabe
zu sehen war.

„Was seid Ihr für ein Ritter?",
rief Fürst Bertram.
„So ganz ohne Pferd und ohne Rüstung!"

„Was ich für ein Ritter bin?",
fragte Alfred von Rabenstein.
„Hoffentlich einer, der nachdenkt.
Ihr liebt es, Rätsel zu stellen,
dafür seid Ihr im ganzen Land bekannt.
Sicherlich liebt Ihr es auch,
bei der Lösung der Rätsel zuzusehen.
Daher glaube ich, dass der Schatz
nicht weit von hier versteckt ist.

Seht Ihr von da oben
nicht genau zu jenem Baum hinüber,
der so ganz allein auf der Wiese steht?
Wie war das Rätsel?
Nicht unten, nicht oben ...
Könnte der Schatz nicht
auf jenem Baum
versteckt sein?"
Der Fürst wurde blass.

Alfred von Rabenstein lächelte.
„Gebt mir drei Minuten", rief er.
Er spazierte geradewegs auf den Baum zu, legte Schild und Lanze ab und kletterte nach oben.

Als er im Wipfel angelangt war,
hob er eine kleine Truhe hoch,
die dort versteckt worden war.

Fürst Bertram erwartete ihn bereits vor dem Burgtor.

„Ihr überrascht mich", sagte der Fürst.

„Ihr denkt nach,
bevor Ihr Schritte setzt.
Der Schatz gehört Euch.
Kann ich Euch sonst noch
einen Wunsch erfüllen?"

„Das könnt Ihr",
sagte Alfred von Rabenstein.
„Behaltet den Schatz
und stellt uns noch ein Rätsel.
So haben wir
alle etwas davon."

Das zweite Rätsel

„Auf zur zweiten Runde",
sagte Fürst Bertram
am nächsten Morgen.

Die sechs Ritter waren am Abend
von der Roten Burg zurückgekommen
und hatten gehört,
was geschehen war.
„Heute wollen wir es besser machen",
rief einer von ihnen.

„Das heutige Rätsel
könnt Ihr hier lösen,
im Sitzen!",
sagte Fürst Bertram.

„Es gibt einen Gegenstand
in meiner Burg,
der Wunder vollbringen kann.

Er bewegt sich nicht vom Fleck,
und doch kann man mit seiner Hilfe
die ganze Burg dreimal umfassen!
In einem Schwung, an einem Tag!"
Die sieben Ritter dachten nach.

„Ihr könnt euch gern
in der Burg umsehen.
In einer Stunde
treffen wir uns wieder."
Die Ritter verließen
eilig den Saal.

Nur Alfred von Rabenstein
blieb noch eine Weile sitzen.
„Ach, seid doch so gut
und weckt mich in einer Stunde!",
sagte er zu einer der Wachen.

Er legte sich auf eine Bank
und schon bald war er eingeschlafen.

Die anderen stiegen in den Turm hinauf
und liefen in den Keller hinunter.
Sie schepperten mit Geschirr
und rannten dreimal um die Burgmauer.
Endlich war die Stunde vergangen.

Alle waren wieder
im Rittersaal versammelt.
Die Wache hatte inzwischen
Alfred von Rabenstein geweckt.

„Ich habe ein Seil gefunden",
sagte einer der Ritter.
Er legte es auf den Tisch.
„Das reicht höchstens bis zur Tür",
sagte Fürst Bertram.

„Ich könnte einen Pfeil abschießen",
sagte einer der Ritter leise.
„Der dreimal um die Burg fliegt?"
Fürst Bertram schüttelte den Kopf.

„Die Lösung ist einfach",
sagte Alfred von Rabenstein.

„Ihr habt ein altes Spinnrad
in einem Zimmer stehen.
Es bewegt sich nicht vom Fleck,
aber es dreht und dreht sich.

Wer darauf einen Faden spinnt,
der kann ihn so lang spinnen,
dass man mit ihm dreimal
die ganze Burg umfassen kann.
An einem Tag, in einem Schwung."

Der Fürst nickte zufrieden.
„Ihr habt Euch den Schatz verdient!"

„Lasst uns erst
eine dritte Aufgabe lösen!",
sagte Alfred von Rabenstein.
„Wer das dritte Rätsel lösen kann,
der soll den Schatz bekommen."

Das dritte Rätsel

Die sieben Ritter
schoben ihre Becher zur Seite.
Sie hatten gut gegessen
und getrunken,
nun warteten sie
voller Neugier
auf das neue Rätsel
des Fürsten.

„Fangt nur an!",
brummte der größte der sieben Ritter
und zog sein Schwert.
„Was müssen wir tun?"
„Kämpfen, ohne zu kämpfen!",
sagte der Fürst.

„Ich will von euch wissen:
Wer ist der stärkste Gegner von allen?
Wer ist nicht zu bezwingen,
von keinem von uns?"

„Andere Ritter
können noch so stark sein!",
rief einer der Ritter.
„Ob Schwert oder Streitaxt –
man kann sie besiegen!"

„Auch Drachen
kann man bezwingen!",
sagte ein anderer.
„Gegen den Hunger
kann ich auch siegen!",
rief der dickste der Ritter.
Alle lachten.

Bald wurde es still im Saal.
Die sieben Ritter dachten nach.
Stunden vergingen.

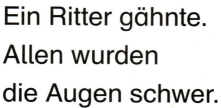

Ein Ritter gähnte.
Allen wurden
die Augen schwer.

Plötzlich schreckte
Alfred von Rabenstein hoch.
„Ich weiß die Antwort", sagte er.
Alle sahen ihn neugierig an.

„Der stärkste Gegner,
der uns jeden Tag aufs Neue besiegt –
das ist die Müdigkeit!
Wir haben es selbst erlebt.
Sie ist stärker als jeder König."

Fürst Bertram
klatschte in die Hände.
„Drei Rätsel – drei gute Antworten.
Der Schatz gehört Euch."

Er drückte Alfred von Rabenstein
die Schatztruhe in die Hände.

Am nächsten Morgen verließen sechs Ritter schon früh die Burg.

Nur einer, der siebte,
hatte keine Eile.
Es war Alfred von Rabenstein.

Er führte sein Pferd vor die Burg.
Dann stieg er langsam in den Sattel.
„Such dir eine Richtung aus,
die dir gefällt",
sagte er zu seinem Pferd.

„Und lass dir Zeit!"
Das Pferd stand eine Weile still.
Dann setzte es sich
gemütlich in Bewegung.

Heinz Janisch studierte Germanistik und Publizistik, ging früh zum Radio und arbeitet bis heute als Moderator und Reporter beim Österreichischen Rundfunk. Als Kind ein begeisterter Leser – auch von Rittergeschichten – hat er eines Tages begonnen, Fortsetzungen zu den Geschichten im Buch zu schreiben. Vom Lesen zum Schreiben! Inzwischen gibt es viele eigene Bücher von ihm. „Wer liest, ist neugierig", sagt Heinz Janisch. „Mindestens so neugierig wie mein Ritter Alfred von Rabenstein!"

Birgit Antoni wurde 1969 in Wien geboren. Sie studierte Schrift, Buchgestaltung und Grafikdesign an der Hochschule für angewandte Kunst in Wien. Ihr erstes Bilderbuch, „Das verquorksmoggelte Mädchen", erschien 1996. Seither ist Birgit Antoni mit großer Begeisterung als freiberufliche Grafikerin und Illustratorin tätig. Für ihre farbenprächtigen, witzigen und frechen Illustrationen wurde sie mehrfach ausgezeichnet. Birgit Antoni lebt mit ihrem Mann und ihren zwei Kindern in Wien.

Leserätsel
mit dem Leseraben

Super, du hast das ganze Buch geschafft!
Hast du die Geschichten ganz genau gelesen?
Der Leserabe hat sich ein paar spannende
Rätsel für echte Lese-Detektive ausgedacht.
Mal sehen, ob du die Fragen beantworten kannst.
Wenn nicht, lies einfach noch mal
auf den Seiten nach. Wenn du die richtigen
Antwortbuchstaben in die Kästchen auf Seite 42
eingesetzt hast, bekommst du das Lösungswort.

Fragen zu den Geschichten

1. Wo hat Fürst Bertram einen Schatz versteckt?
   (Seite 4)
   A : In der Roten Burg.
   R : Auf dem Weg zur Roten Burg.

2. Was ist auf dem Schild des siebten Ritters? (Seite 9)
   T : Ein Rabe.
   L : Ein Drache.

3. Was findet Alfred von Rabenstein im Wipfel des Baumes? (Seite 13)
   D : Einen goldenen Apfel.
   S : Eine kleine Truhe.

4. Was wünscht sich Alfred von Rabenstein von Fürst Bertram? (Seite 15)
   V : Das halbe Königreich.
   L : Ein neues Rätsel.

5. Welchen Gegner kann man nicht bezwingen? (Seite 34)
   O : Einen Drachen.
   U : Die Müdigkeit.

Lösungswort:

R	Ä	T	S	E	L	B	U	R	G
	1		2	3		4		5	

Super, alles richtig gemacht! Jetzt wird es Zeit für die RABENPOST.
Schicke dem LESERABEN einfach eine Karte mit dem richtigen Lösungswort. Oder schreib eine E-Mail. Wir verlosen jeden Monat 10 Buchpakete unter den Einsendern!

An den LESERABEN
RABENPOST
Postfach 20 07
88 190 Ravensburg
Deutschland

leserabe@ravensburger.de
Besuch mich doch auf meiner Webseite:
www.leserabe.de

Ravensburger Bücher vom Leseraben

1. Lesestufe für Leseanfänger ab der 1. Klasse

ISBN 978-3-473-**36178**-6

ISBN 978-3-473-**36179**-3

ISBN 978-3-473-**36164**-9

2. Lesestufe für Erstleser ab der 2. Klasse

ISBN 978-3-473-**36169**-4

ISBN 978-3-473-**36067**-3

ISBN 978-3-473-**36184**-7

3. Lesestufe für Leseprofis ab der 3. Klasse

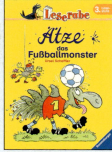

ISBN 978-3-473-**36177**-9

ISBN 978-3-473-**36186**-1

ISBN 978-3-473-**36188**-5

www.ravensburger.de/www.leserabe.de